CUYOS AMIGOS

PAT JACOBS

Traducción de Santiago Ochoa

Crabtree Publishing Company
www.crabtreebooks.com

CRABTREE
PUBLISHING COMPANY
WWW.CRABTREEBOOKS.COM

Published in Canada
Crabtree Publishing
616 Welland Avenue
St. Catharines, ON
L2M 5V6

Published in the United States
Crabtree Publishing
347 Fifth Avenue
Suite 1402–145
New York, NY 10016

Published by Crabtree Publishing Company in 2021

First published in 2017 by Wayland
Copyright © Hodder and Stoughton, 2017

Author: Pat Jacobs

Editorial director: Kathy Middleton

Editors: Elizabeth Brent, Petrice Custance

Translation to Spanish: Santiago Ochoa

Edition in Spanish: Base Tres

Cover and interior design: Dynamo

Proofreader: Melissa Boyce

Production coordinator Prepress technician: Tammy McGarr

Print coordinator: Katherine Berti

Photographs
iStock: p1 ksena32; p2 LuminaStock, mwpenny, Mingzhe Zhang; p4 adogslifephoto; p6 photokdk, svehlik, cynoclub, Gemma Rose Amos; p7 krithnarong, Farinosa, GlobalP; p8 adogslifephoto, Farinosa, Olesya Tseytlin, cynoclub, GlobalP; p9 DevMarya, terry6970, leaf; p11 RomeoLu, Dantyya; p12 DevMarya, JohnatAPW; p13 Ocskaymark, Eric Isselée; p14 icarmen13, Andrzej Tokarski, 13-Smile; p15 Elena Blokhina, eve_eve01genesis, Mr_Mozymov; p16 Mendelex_photography; p17 eAlisa, scigelova; p19 Crisalexo, Marco Hegner, Eric Isselée; p20 Azaliya; p21 n1kcy, Ralph Loesche, kosobu; p23 VikaRayu, p24 AnastasiaGlazneva, Lari Huttunen; p26 ksena32; p27 Zsolt Farkas, daizuoxin, ALLEKO, Cloud7Days, cynoclub; p28 Eric Isselée, Ramona smiers; p3, 29 Arkhipov; p32 GlobalP; Front cover: photokdk; Back cover: Vassiliy Vishnevskiy
Shutterstock: p7 joannawnuk; p10 marilyn barbone; p16 Dora Zett; p18 melis; p26 ADA_photo
Alamy: p5 Juniors Bildarchiv GmbH; p17 petographer; p19 Maximilian Weinzierl; p20 Juniors Bildarchiv GmbH; p22 imageBROKER; p23 Petra Wegner; p25 Maximilian Weinzierl, Juniors Bildarchiv GmbH; p26 Juniors Bildarchiv GmbH; p27 petographer, imageBROKER

Every attempt has been made to clear copyright. Should there be any inadvertent omission, please apply to the publisher for rectification. The website addresses (URLs) included in this book were valid at the time of going to press. However, it is possible that contents or addresses may have changed since the publication of this book. No responsibility for any such changes can be accepted by either the author or the Publisher.

Printed in Canada/102020/CPC

Library and Archives Canada Cataloguing in Publication

Title: Cuyos amigos / Pat Jacobs ; traducción de Santiago Ochoa.
Other titles: Guinea pig pals. Spanish
Names: Jacobs, Pat, author. | Ochoa, Santiago, translator.
Description: Series statement: Mascotas amigas | Translation of:
  Guinea pig pals. | Includes bibliographical references and index.
  | Text in Spanish.
Identifiers: Canadiana (print) 2020029248X |
  Canadiana (ebook) 20200292498 |
  ISBN 9780778784395 (hardcover) |
  ISBN 9780778784647 (softcover) |
  ISBN 9781427126641 (HTML)
Subjects: LCSH: Guinea pigs as pets—Juvenile literature. |
  LCSH: Guinea pigs—Behavior—Juvenile literature.
Classification: LCC SF459.G9 J3318 2021 | DDC j636.935/92—dc23

Library of Congress Cataloging-in-Publication Data

Names: Jacobs, Pat, author. | Ochoa, Santiago, translator.
Title: Cuyos amigos / Pat Jacobs ; traducción de Santiago Ochoa.
Other titles: Guinea pig pals. Spanish
Description: New York : Crabtree Publishing Company, 2021. |
  Series: Mascotas amigas | Includes index.
Identifiers: LCCN 2020031618 (print) | LCCN 2020031619 (ebook) |
  ISBN 9780778784395 (hardcover) |
  ISBN 9780778784647 (paperback) |
  ISBN 9781427126641 (ebook)
Subjects: LCSH: Guinea pigs as pets--Juvenile literature.
Classification: LCC SF459.G9 J3318 2021 (print) |
  LCC SF459.G9 (ebook) | DDC 636.935/92--dc23

ÍNDICE

TU CUYO:
DE LA CABEZA A LA COLA

Los marineros españoles llevaron cuyos a Europa desde Sudamérica en el siglo dieciséis. En ese tiempo, eran tan costosos que solo la gente rica podía comprarlos. Gracias a su naturaleza amable y amistosa, los cuyos se han convertido en mascotas populares en todo el mundo.

Orejas: Un excelente oído ayuda a los cuyos a identificar a los **depredadores** antes de que aparezcan.

Patas: Las patas de los cuyos no son muy fuertes y se rompen fácilmente, así que no dejes que tu mascota caiga o salte desde ninguna altura.

Pies: Las garras afiladas ayudan a los cuyos salvajes a trepar por las laderas de las montañas y a caminar por terrenos difíciles.

Ojos: Los grandes ojos de los cuyos se ubican en lo alto de sus cabezas, a ambos lados, así que pueden ver a los depredadores venir desde cualquier dirección, ¡pero no pueden ver justo frente a su nariz!

Cerebro: Los cuyos tienen una memoria muy buena para los caminos que conducen a las fuentes de alimento.

Bigotes: Los sensibles bigotes ayudan a los cuyos a encontrar su camino en la oscuridad y a detectar comida y otros objetos en el punto ciego frente a su nariz.

Dientes: Como todos los **roedores**, los dientes frontales de un cuyo crecerán continuamente. Ellos pasan la mayor parte del tiempo masticando, lo que desgasta sus dientes.

Nariz: Los cuyos tienen un buen sentido del olfato, y reconocen a sus compañeros y dueños por su olor.

DATOS SOBRE LOS CUYOS

- Los cuyos suelen vivir de cinco a ocho años, pero un cuyo británico llamado Bola de Nieve murió a los 14 años y 10 meses.

- Su nombre científico es Cavia. Tal vez no exista otro animal que reciba más nombres que este según el país: cuy, conejillo de Indias, cobayo, cobaya, quilo, acure, curí, cuilo, jaca, cuis, güimo ¡y chanchito de Indias!

RAZAS DE CUYOS

Todos los cuyos son de tamaño similar y, aunque tienen personalidades individuales, su **temperamento** es más o menos el mismo sea cual sea su **raza**.

Los cuyos **abisinios** son fáciles de detectar. Tienen un pelaje único porque su pelo crece en remolinos, que a veces se llaman rosetas.

Los cuyos **americanos** tienen pelo corto y liso y vienen en muchas combinaciones de colores diferentes. Su pelaje corto hace que sea fácil de mantener.

Los cuyos **peruanos** son una de las razas más antiguas de cuyos. Tienen un pelo muy largo, que crece sobre su cara, y necesitan asearse, bañarse y recortarse regularmente.

Los cuyos **Rex** tienen el pelo grueso y erizado, las orejas caídas y los bigotes rizados. Son fáciles de cuidar y son muy buenas mascotas.

Los **Sheltie** tienen un pelo largo y suave que se les acomoda hacia atrás, por lo que no crece sobre la cara del cuyo. Tienen que ser cepillados y su pelaje debe ser recortado regularmente.

Los **cuyos Skinny** casi no tienen pelo, lo que significa que necesitan un lugar cálido para vivir y una dieta de alta energía. Su piel es muy sensible, por lo que necesitan ropa de cama que sea suave, protector solar cuando están afuera y una humectación regular.

Los cuyos **Teddy** tienen un pelo grueso y duro por todo el cuerpo, que los hace lucir adorables y redonditos. Necesitan ser cepillados una vez a la semana.

Los **Texel** son mascotas de alto mantenimiento. Su pelaje largo y rizado necesita mucha atención para evitar que se enrede y se ensucie.

ELIGIENDO A TU CUYO

En la naturaleza, los cuyos viven en pequeños grupos formados por un macho, varias hembras y sus crías. Se sienten solos si no tienen compañía, por lo que los cuyos deben ser mantenidos en parejas o grupos.

¿MACHO  o HEMBRA?

Deberías tener una pareja o grupo de un solo sexo. Las hembras suelen vivir felices juntas, pero los machos, a menos de que se conozcan bien, pueden pelear al principio mientras deciden quién está a cargo.

¿PELO LARGO o CORTO?

Los cuyos de pelo corto son fáciles de cuidar, mientras que los de pelo más largo necesitan cepillado diario, además de un recorte regular y un baño. Los cuyos no siempre disfrutan de esto, pero es esencial para su bienestar.

¿MASCOTA DE INTERIORES o EXTERIORES?

Los cuyos pueden vivir en interiores, pero necesitan un espacio tranquilo porque tienen un oído sensible. Los cuyos de exteriores deben tener una jaula en un lugar protegido, con una zona de descanso acogedora. Si hace mucho frío, puede que tengas que llevarlos adentro.

¿COMPRAR o ADOPTAR?

CHEQUEO DE MASCOTA ✓

Antes de comprar o adoptar un cuyo, asegúrate de que:

- sus dientes encajen correctamente
- sus ojos estén radiantes
- su pelaje sea brillante
- no tenga llagas en los pies o patas
- camine normalmente

Si quieres un tipo de cuyo en particular, puede que tengas que comprarlo a un **criador**. Pero hay muchos cuyos en los centros de rescate que buscan un nuevo hogar. Tu refugio de animales local podría tener la pareja perfecta para ti.

COMODIDADES DEL HOGAR

Los cobertizos de los cuyos deben ser lo suficientemente grandes para darle a cada animal al menos 10 pies cuadrados (1 metro cuadrado) de espacio, y deben ser completamente a prueba de depredadores. Entre los animales que atacan a los cuyos se encuentran los zorros, ratas, perros, gatos y aves de rapiña.

QUÉ HACER Y NO HACER

- Mantén la jaula en un lugar protegido, donde los cuyos no se calienten o enfríen demasiado.
- Cubre la base con papel periódico para que sea fácil de limpiar.
- Dale a tus cuyos la posibilidad de corretear todos los días, ya sea adentro o afuera.
- No mantengas a los cuyos en un garaje con un auto porque los gases podrían matarlos.
- No uses paja para su cama, esta podría herir los ojos de tus cuyos.
- No los pongas afuera en un corral con hierba que haya sido tratada con herbicida.

El heno sirve como la mejor cama, y los cuyos pueden morderlo si quieren un bocado a medianoche.

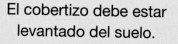

El cobertizo debe estar levantado del suelo.

LA MASCOTA HABLA

No puedo sudar cuando tengo calor, así que por favor mantenme en la sombra.

Debe haber un área oscura para dormir y un área clara con una puerta de malla metálica para que tus mascotas tengan aire fresco.

Los cobertizos deben tener pisos sólidos porque los pisos de alambre pueden lastimar las patas de los cuyos.

SALIR AL PASTO

A los cuyos les encanta mordisquear pasto fresco, así que si tienes césped, disfrutarán de corretear afuera durante el día. Necesitarán agua y un lugar donde esconderse en caso de que se asusten.

JUGAR ADENTRO

Correr en un espacio interior es perfecto para los cuyos en clima frío. Las paredes no tienen que ser muy altas porque ellos no son grandes escaladores. Se alteran fácilmente con los ruidos fuertes, por lo que necesitarán un pequeño escondite en caso de que se sientan nerviosos.

CONOCE A TUS CUYOS

Ten el cobertizo, la comida y el agua lista y esperando a tus cuyos cuando los traigas a casa. Probablemente estarán muy nerviosos después del viaje y correrán a cubrirse tan pronto los pongas en el cobertizo.

LA MASCOTA HABLA

Soy muy tímido, así que tal vez me lleve un tiempo acostumbrarme a que me carguen.

INSTALÁNDOSE

Dale a tus nuevas mascotas una semana para instalarse antes de empezar a manipularlas. Deja que te conozcan durante ese tiempo dándoles deliciosos premios a través de la malla de su jaula.

HACIÉNDOSE AMIGOS

Cuando estés listo para cargar a tu cuyo, siéntate en el suelo y pídele a un adulto que ponga el cuyo en tu regazo. Acarícialo suavemente mientras le ofreces una golosina vegetal.

OTRAS MASCOTAS

Por más amigable que sea tu gato o perro, su aroma pondrá nerviosos a los cuyos, por lo que deben mantenerse separados. Los conejos a menudo intimidan o patean a los cuyos, y pueden ser portadores de una enfermedad que puede dañarlos, por lo que no son buenos compañeros de jaula.

Si uno de los cuyos muere, tal vez quieras conseguir un nuevo amigo para la mascota viva. Si es así, tendrás que presentarlos poco a poco.

INTRODUCIENDO A DOS CUYOS

Un cuyo puede atacar a otro que sea introducido repentinamente en su jaula. Será mejor que coloques a los dos cuyos en un nuevo recinto que no huela a ninguno de ellos, con un poco de comida para distraerlos. Observa cuidadosamente a los cuyos. Puede que se persigan el uno al otro al principio, pero pronto se harán amigos.

COMIDA DE CUYOS

El alimento principal de un cuyo debe ser heno de buena calidad. Es similar a su dieta en la naturaleza, y masticar heno ayuda a evitar que los dientes del cuyo crezcan demasiado. El heno sobrante es bueno para cubrir el suelo de la jaula.

LA MASCOTA HABLA

Por favor, no me des aguacate, frijoles, ruibarbo, cebollas, ajo, ranúnculos o demasiada lechuga.

Los cuyos encuentran su comida por el olfato, así que ten cuidado. Si tus dedos huelen a zanahorias, ¡tu cuyo podría darte un mordisco!

A los cuyos les encanta:

- El césped fresco
- El diente de león
- El trébol
- Las hierbas frescas
- El pepino
- La zanahoria (pero no en exceso)
- El melón
- La manzana (sin semillas)
- El plátano
- Las fresas

DIGESTIÓN DOBLE

Los cuyos aprovechan al máximo su comida al comerla dos veces. Además de excrementos duros, los cuyos también producen excrementos blandos que después comen. Los excrementos suaves están llenos de proteínas y vitaminas y son muy importantes para la salud del cuyo.

CINCO AL DÍA

Los cuyos, al igual que los humanos, están entre los pocos animales que no producen vitamina C en sus cuerpos. Esto significa que, al igual que nosotros, necesitan comer vegetales y frutas frescas para mantenerse sanos. Cada cuyo debe comer más o menos una taza al día.

Los nuggets y las bolitas hechas especialmente para los cuyos contienen toda la **nutrición** que necesitan. Sin embargo, asegúrate de no darles nuggets y bolitas para conejos, porque no contienen vitamina C.

NUGGETS Y BOLITAS

Si les das comida mezclada, como fruta y bolitas, los cuyos escogerán primero sus trozos favoritos, como la fruta, y dejarán las bolitas. Las bolitas son importantes para su salud, así que asegúrate de no rellenar el tazón hasta que no quede comida.

CUIDADO DIARIO

Los cuyos son fáciles de cuidar en comparación con muchas otras mascotas, pero aun así necesitan cuidados diarios. Aprende a reconocer su comportamiento normal, para que así puedas notar rápidamente si algo anda mal.

CARGANDO A TU CUYO

Un cuyo inquieto es difícil de sujetar y puede lastimarse si se cae, así que pídele a un adulto que cargue a tu mascota hasta que te conozca lo suficiente y se relaje. Recógelo deslizando una mano bajo su estómago y agarra su trasero con la otra. Sujétalo con fuerza (pero no lo aprietes) contra tu pecho, para que se sienta seguro.

CORTANDO GARRAS

Los cuyos domésticos, a diferencia de sus parientes salvajes, no caminan sobre terreno accidentado, por lo que sus garras pueden crecer mucho. Si notas que las garras de tu cuyo necesitan ser cortadas, pídele a un adulto que lo haga mientras distraes a tu mascota con un premio.

BAÑO

Los cuyos de pelo corto raramente necesitan ser bañados a menos de que se ensucien mucho, pero los de pelo largo deben bañarse una vez al mes. Usa un champú especial para cuyos y asegúrate de que tus mascotas estén completamente secas antes de llevarlas al exterior.

CEPILLADO

Cepilla o peina a tu cuyo suavemente desde la cabeza hasta la cola. Esto ayudará a tu mascota a acostumbrarse a ser manipulada, y te dará la oportunidad de comprobar que no tenga heridas. Los cuyos de pelo largo deben cepillarse todos los días.

Deja que tus mascotas corran libres en un piso fácil de limpiar. Dile a tu familia que tenga cuidado con los cuyos y mantén a las otras mascotas alejadas de ellos.

LA MASCOTA HABLA

Mis parientes salvajes son muy activos. ¡Soy como ellos, y también necesito mucho ejercicio!

SALUD Y SEGURIDAD

Los cuyos ocultan las heridas o enfermedades porque los depredadores persiguen a los animales débiles, por lo que es importante que los dueños estén atentos a cualquier cambio en su comportamiento. Por ejemplo, si un cuyo se niega a recibir premios es probable que algo esté mal.

ÁCAROS

Si tu cuyo se rasca la piel, pierde el pelo y de repente no le gusta que lo toquen, puede tener **ácaros**. Estas criaturas diminutas cavan en la piel de un cuyo y causan una terrible picazón. Esta es una condición muy dolorosa que podría matar a tu mascota, por lo que necesita tratarse de inmediato.

Los cuyos deben ser revisados regularmente para detectar ácaros en las orejas, especialmente si se están rascando.

CASTRAR/ ESTERILIZAR

Los cuyos no suelen ser **castrados o esterilizados** porque es una operación grande para un animal tan pequeño. Además, la esterilización no impide que los machos peleen entre sí. En su lugar, los cuyos son mantenidos en parejas o grupos del mismo sexo para que no nazcan crías de cuyos.

PODODERMATITIS

La pododermatitis es una **infección** dolorosa en la pata del cuyo. Ocurre cuando las **bacterias** entran a las llagas causadas por los suelos de las jaulas de alambre o por la ropa de cama áspera. Comprueba si hay hinchazón en la parte inferior de las patas de tu mascota durante las sesiones de aseo.

Los suelos de alambre pueden lesionar las patas de los cuyos y aumentar el riesgo de pododermatitis.

LA MASCOTA HABLA

Me encanta masticar, así que por favor asegúrate de que todos los cables eléctricos estén fuera de mi alcance. ¡Podría salir muy malherido!

PELIGROS EN EL EXTERIOR

Los depredadores representan el mayor riesgo para los cuyos de exteriores. Los zorros son muy decididos y pueden volcar las jaulas más ligeras, deslizar los pestillos abiertos y masticar hasta llegar a los cobertizos. También cavan bajo los corrales, así que nunca dejes a tus mascotas en sus corrales durante la noche.

19

COMPORTAMIENTO DE LOS CUYOS

Los cuyos son criaturas de hábitos. No les gustan los cambios, y son más felices cuando sus dueños mantienen la misma rutina diaria de alimentación, limpieza, ejercicio y abrazos.

MARCAR CON OLORES

Los cuyos son animales **territoriales** y **marcan con olores** su hogar, frotando su barbilla, mejillas y trasero en todo lo que haya en su jaula. También pueden hacer esto en las zonas donde les permitas correr libremente.

REFUGIÁNDOSE

En la naturaleza, los cuyos son alimento para muchos depredadores, incluyendo las aves, por lo que son naturalmente nerviosos en espacios abiertos. Tus cuyos de compañía pueden sentirse incómodos sin un techo sobre sus cabezas, por lo que siempre deben tener un lugar para esconderse, incluso en espacios interiores.

SALTANDO

Cuando los cuyos están felices, a veces corren de un lado a otro y saltan en el aire mientras dan patadas, como si fueran palomitas de maíz estallando. Este salto se conoce como «estallido». Es más común ver saltar a los cuyos más jóvenes, pero los adultos felices también pueden hacerlo.

PARALIZADOS

Cuando los cuyos perciben peligro o se asustan por un sonido extraño, a menudo se paralizan para hacerse invisibles a los depredadores. También pueden hacer un breve ruido vibratorio para advertir al resto del grupo.

DURMIENDO

Los cuyos no duermen por largos períodos. En su lugar, duermen siestas cortas durante el día y la noche. Los cuyos tienen un párpado **transparente** extra que les permite dormir con los ojos abiertos. Esto significa que pueden estar en estado de alerta para prevenirse de los depredadores.

LA MASCOTA HABLA

Por favor, dame de comer a la misma hora todos los días. ¡Puede que yo no tenga reloj, pero sé cuándo es la hora de la cena!

COMUNICACIÓN

Los cuyos son pequeñas criaturas parlanchinas. Hablan todo el tiempo entre ellos, y también hablarán contigo, ¡especialmente si creen que pueden recibir un premio!

HACIENDO «GÜIC»

Los dueños de los cuyos aprenderán rápidamente a reconocer este sonido especial que hacen los cuyos cuando piden comida. Abrir el refrigerador, cortar vegetales o hacer crujir bolsas será suficiente para hacer que los cuyos hagan «güic».

RECHINANDO LOS DIENTES

Cuando los cuyos están a punto de pelear, los pelos del lomo se ponen de punta, bostezan ampliamente y rechinan los dientes. Esto puede suceder si presentas a dos machos que no se conocen. La mejor manera de evitar una pelea es poner una toalla sobre uno de ellos y llevártelo.

LA MASCOTA HABLA

Si bostezo, no es porque esté cansado. Abro la boca para mostrar mis dientes afilados.

RONRONEO Y MURMULLO

El ronroneo y el murmullo son sonidos vibratorios que tienen diferentes significados. Un cuyo puede ronronear cuando se le acaricia, o para tranquilizarse en una nueva situación. El murmullo es un sonido más profundo y normalmente significa que el cuyo está triste o asustado.

COMPORTAMIENTO MANDÓN

Cuando los cuyos se reúnen, necesitan decidir quién es el jefe. «Retumbar» es parte de este comportamiento. Hacen un ruido sordo y mueven sus caderas lentamente de un lado a otro. Luego suelen correr en círculos, tratando de agarrar la cola y saltar sobreel lomo del otro.

ENTRENAMIENTO

A los cuyos les encanta comer y pueden ser entrenados para obedecer órdenes simples a cambio de un premio. Algunos incluso aprenderán a usar una caja de arena. Nunca castigues a tu mascota si no hace lo que le pides, porque aprenderá a tenerte miedo.

SENTARSE Y SUPLICAR

Sentarse es un comportamiento natural para los cuyos, así que es muy fácil enseñar a tu mascota a sentarse sosteniendo un premio sobre su cabeza y diciendo la palabra «¡Siéntate!». Una vez que tu cuyo haya aprendido la orden, se sentará cuando se lo digas y esperará su golosina.

¡VEN, CUYITO!

Puedes enseñar a tu cuyo a venir cuando lo llames diciendo su nombre cada vez que le des una golosina. Una vez que tu mascota aprenda que recibirá una recompensa cuando escuche su nombre, intenta llamarlo durante el tiempo de ejercicio en un espacio interior.

ENTRENAMIENTO DE LA CAJA

Coloca una bandeja en un rincón de la jaula donde estén la mayoría de los excrementos. Pon un poco de heno en la bandeja y esparce algunos excrementos encima. Puede que tus cuyos no utilicen la bandeja todo el tiempo, pero si la mayoría de los excrementos están en el mismo lugar, la limpieza de la jaula será más fácil.

La arena para gatos no es adecuada para los cuyos, ya que el polvo podría causarles problemas respiratorios.

SALTAR A TRAVÉS DE AROS

Coloca un aro en el suelo frente a tu cuyo y sostén una golosina en el otro lado. Cuando tu cuyo pase por el aro, dale el premio y repítelo hasta que domine el truco. Ahora levanta el aro ligeramente del suelo para que tu cuyo tenga que saltar a través de él.

DIVERSIÓN Y JUEGOS

CÓMO ENTRETENER A TUS CUYOS

A los cuyos les encanta correr, por lo que necesitan un tiempo de ejercicio en su corral, o en un espacio interior seguro todos los días. Te divertirás viéndolos mientras exploran y se persiguen.

CENTRO DE ACTIVIDADES PARA CUYOS

Crea un área de juego en un espacio interior y haz más divertido el corral exterior añadiendo pelotas y juguetes que puedan masticar. También puedes hacer escondites con bolsas de papel o periódico, y añadir túneles hechos de tubos anchos de plástico o cartón.

Trepar es un buen ejercicio para los cuyos, pero asegúrate de que no se lastimen al caer.

HAZ UN LABERINTO

Crea un laberinto usando cajas de cartón unidas con túneles de tubos. Puedes alargar el laberinto añadiendo más cajas y tubos. Coloca un cuyo en cada extremo del laberinto, y mira si se pueden encontrar.

LA MASCOTA HABLA

Soy más activo por las mañanas y las tardes, así que es el mejor momento para dejarme salir a correr.

ENCONTRANDO LA COMIDA

Esconde las golosinas favoritas de tus cuyos dentro de un tubo de cartón con heno o en bolas de papel, y observa cómo tus mascotas tratan de encontrarlas.

CUESTIONARIO SOBRE LOS CUYOS

¿Cuánto sabes sobre tu amigo cuyo? Haz esta prueba para averiguarlo.

1 **¿De qué parte del mundo son los cuyos?**

a. Australia
b. América del Sur
c. España

2 **¿Cuál de estos es otro nombre para un cuyo?**

a. Cobaya
b. Capibara
c. Coatí

3 **¿Por qué no deberías usar paja en la cama del cuyo?**

a. Es muy cara
b. Es venenosa para los cuyos
c. Puede lastimar sus ojos

4 **¿Cuál de estas razas de cuyos tiene el pelo largo y rizado?**

a. Teddy
b. Abisinio
c. Texel

5 **¿Qué es la pododermatitis?**

a. Un baile que hacen los cuyos cuando se encuentran por primera vez
b. Una dolorosa infección en el pie
c. Una raza de cuyo

6

¿Por qué los conejos no son buenos compañeros de jaula para los cuyos?

a. Pueden transmitir una enfermedad a los cuyos

b. Pueden patearlos y acosarlos

c. Por ambas razones

7

¿Cuál de estos alimentos es malo para los cuyos?

a. Pepino

b. Aguacate

c. Manzana

8

¿Qué es el «estallido»?

a. Esconderse de los depredadores

b. Pedir comida

c. Saltar en el aire

9

¿Cuándo son más activos los cuyos?

a. Por la noche

b. Temprano en la mañana y en la tarde

c. A la hora del almuerzo

10

¿Con qué frecuencia debes cepillar a un cuyo de pelo largo?

a. Todos los días

b. Cada semana

c. Cada mes

RESPUESTAS DEL CUESTIONARIO

1 ¿De qué parte del mundo son los cuyos?

b. América del Sur

2 ¿Cuál de estos es otro nombre para un cuyo?

a. Cobaya

3 ¿Por qué no deberías usar paja en la cama del cuyo?

c. Puede lastimar sus ojos

4 ¿Cuál de estas razas de cuyos tiene el pelo largo y rizado?

c. Texel

5 ¿Qué es la pododermatitis?

b. Una dolorosa infección en el pie

6 ¿Por qué los conejos no son buenos compañeros de jaula para los cuyos?

c. Por ambas razones

7 ¿Cuál de estos alimentos es malo para los cuyos?

b. Aguacate

8 ¿Qué es el «estallido»?

c. Saltar en el aire

9 ¿Cuándo son más activos los cuyos?

b. Temprano en la mañana y en la tarde

10 ¿Con qué frecuencia debes cepillar a un cuyo de pelo largo?

a. Todos los días

APRENDE MÁS

LIBROS

Howell, Laura. *Looking After Guinea Pigs.* Harper Collins, 2013.

Kalman, Bobbie, and Kelley MacAulay. *Guinea Pigs.*
Crabtree Publishing, 2004.

Vanderlip, Sharon. *The Guinea Pig Handbook.*
Barron's Educational Series, 2015.

GLOSARIO

ácaros: pequeñas criaturas similares a las arañas

bacterias: cosas vivas microscópicas, como gérmenes, que pueden causar enfermedades

castrados: machos que han tenido una operación que impide que puedan tener crías

criador: persona que cría determinadas razas de animales

depredadores: animales que cazan y comen otros animales

esterilizados: hembras que han tenido una operación que impide que puedan tener bebés

infección: cuando las bacterias entran al cuerpo de un humano o un animal y causan enfermedad o dolencia

marcan con olores: cuando los animales liberan un olor o una sustancia, como la orina, para marcar su territorio

nutrición: proceso en el que un humano o un animal come los alimentos que necesita para estar sano

raza: grupo de animales con los mismos ancestros y características

roedores: tipo de animales cuyos dientes crecen a lo largo de su vida

temperamento: forma en que se comporta un humano o un animal

territoriales: cuando los animales reclaman un área para sí mismos y la defienden de los intrusos

transparente: claro o que puedes ver a través de él

ÍNDICE ANALÍTICO